COLANY.

—

TRAITÉ DES PARTICIPES.

X

TRAITÉ

DES

PARTICIPES.

TRAITÉ

DES

PARTICIPES

PAR

FRÉDÉRIC COLANY.

***

POITIERS

HENRI OUDIN, LIBRAIRE-ÉDITEUR,

RUE DE L'ÉPERON, 4.

1866

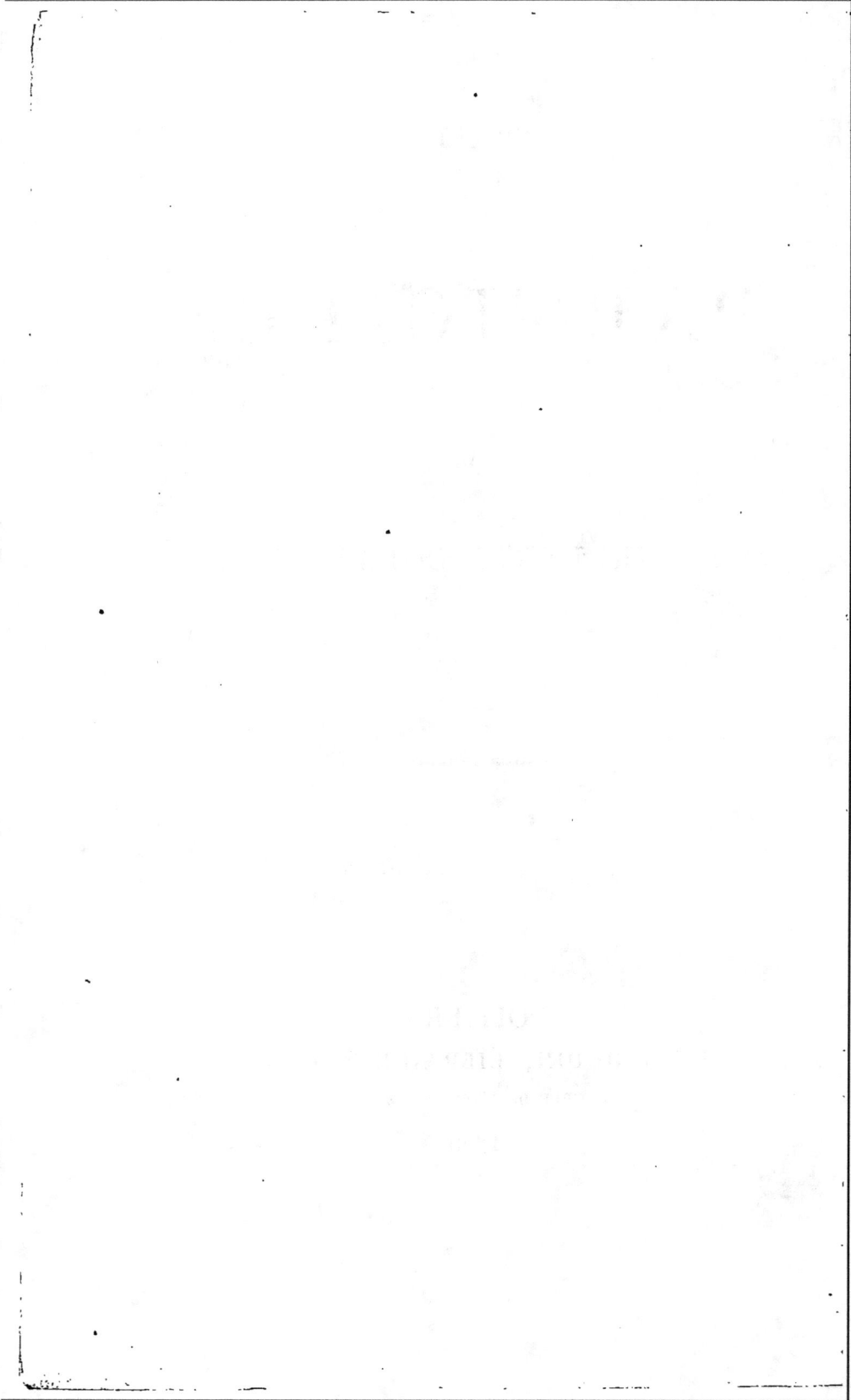

A SON EXCELLENCE

MONSIEUR DURUY

MINISTRE DE L'INSTRUCTION PUBLIQUE.

MONSIEUR LE MINISTRE,

Je ne suis point un grammairien.

Je ne suis rien autre chose qu'un père de famille, qui assiste, chaque jour, aux leçons données à ses jeunes enfants. Or, j'ai pu constater, en ce qui touche les participes, que les grammaires qui ont été mises entre leurs mains sont devenues pour eux de véritables tours de Babel. J'en ai été peu surpris, en considérant combien sont rares, même parmi les adultes et jusque parmi les lettrés, ceux qui ne pèchent jamais dans l'orthographe de cette partie du discours.

J'ai donc pensé qu'il ne serait pas inopportun d'apporter la clarté là où l'élève ne voit que la confusion, et, par une méthode simple, rapide, ne reconnaissant qu'une règle invariable pour chacun des trois participes, je me flatte d'avoir réussi.

Cette méthode, que je crois appelée à rendre de sérieux services, j'ose vous la soumettre, Monsieur le Ministre. C'est là, sans doute, un sujet peu digne des hautes sollicitudes d'un grand-maître de l'université; mais, sans être, très-certainement, un flatteur de Votre Excellence, je n'ignore pas que vous aimez à descendre jusqu'aux petits enfants; je sais que ce n'est pas à vous que peut s'appliquer le vieil adage : *De minimis non curat prætor*, et qu'enfin vous êtes un homme d'initiative faisant résolûment la guerre à la routine.

Si, du haut de votre sagesse, vous jugiez que ce traité en trois leçons, pût venir au secours des classes élémentaires, je solliciterais le

très-grand honneur d'être autorisé à mention-
ner votre toute-puissante approbation à la
suite de cette lettre, en tête de laquelle je me
permets de placer votre nom.

Je suis avec le plus profond respect,

Monsieur le Ministre,

de Votre Excellence,

le très-humble et très–obéissant serviteur,

Frédéric COLANY.

18 juin 1866.

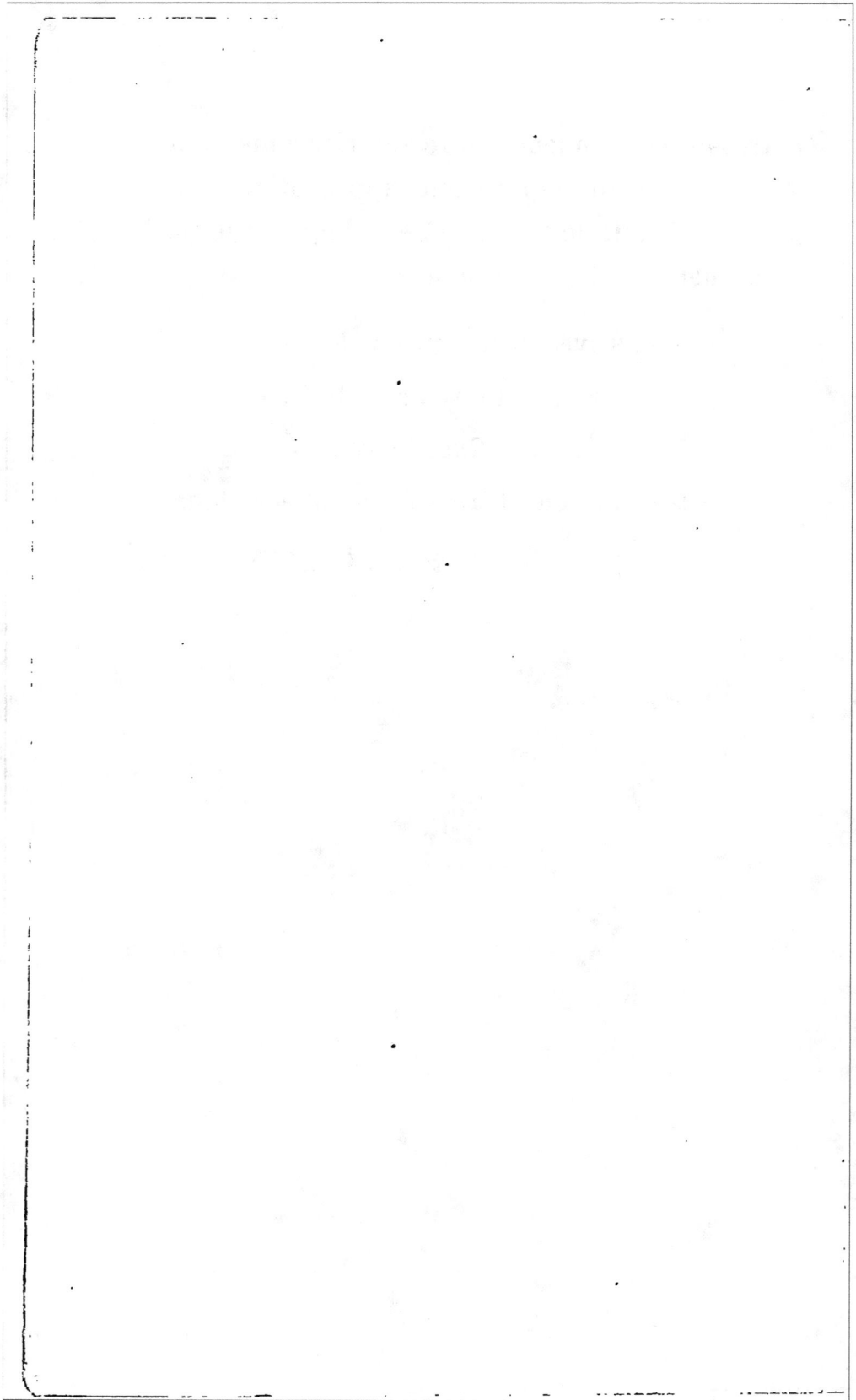

AUX MAITRES.

—

Ce cours de participes, qui couvre 36 pages, pourrait être réduit à 36 lignes.

Au fond, tout se borne aux trois principes invariablement posés ; le reste n'en est que la démonstration.

Je me suis appliqué, dans les exemples que j'ai cités, à n'employer que des phrases simples, contenant les seuls mots nécessaires, afin que l'attention ne soit distraite par aucun ornement. Dans les éléments de la grammaire latine, lorsque le grammairien dit à l'enfant : *Ludovicus rex*, *Liber Petri*, *amo Deum*, le précepte, par la concision du modèle, se grave dans l'esprit, et l'élève ne l'oublie plus.

Le commentaire, qui accompagne chaque exemple, est donc plutôt à l'adresse du maître qu'à l'usage de l'écolier, dont il importe de ménager la mémoire. Ce commentaire n'est point partie essentielle

1*

de la leçon; c'est la preuve placée à côté du fait ;
c'est la lumière qui éclaire la grande route, courte
et sûre, destinée à remplacer l'antique labyrin-
the [1].

[1] La grammaire de Noël et Chapsal présente quarante
règles, divisions ou subdivisions diverses sur les participes. Leurs prédécesseurs Letellier, Lhomond, Boinvilliers,
Lequien, Domergue, ne sont pas moins prolixes. Comme
curieux échantillon de lucidité, il convient de rappeler cet
exemple de Domergue : *Cette femme s'est laissé tuer par son
médecin*. Pourquoi, dit Domergue, le participe passé de-
meure-t-il invariable? Parce que, répond-il, c'est comme
si l'on disait : *Cette femme a quelqu'un laissé dans cet état,
lui être tuant elle*. Quel galimatias ! s'écrie Boinvilliers. Et
pour confondre son savant adversaire, il se livre lui-même à
une argumentation qui n'est ni moins curieuse ni plus claire,
et de plus il arrive à une conclusion anti-grammaticale.

AUX ÉCOLIERS.

—

Je vous dédie, mes enfants, les quelques pages que voici.

En réduisant les règles des participes à leur plus simple expression, en débarrassant cette partie de la grammaire des broussailles amoncelées par le pédantisme, j'ai voulu vous épargner le chaos des exceptions, des remarques, des observations, des restrictions, des marches et des contre-marches, que votre mémoire est impuissante à retenir.

Désormais, il n'y aura plus, pour vous, qu'une règle unique pour chacun des trois participes. Les exemples que je vous ai donnés, et qui serviront de modèles à toutes les situations possibles du participe, en sont le développement et la confirmation.

Avec ce court traité, qui n'apporte d'autre innovation que celle de la simplicité, vous saurez vaincre, à première vue, toutes les difficultés qui vous rebutaient et qui vous semblaient inextricables. A l'avenir, vous lirez en comprenant, et vous grandirez en vous souvenant.

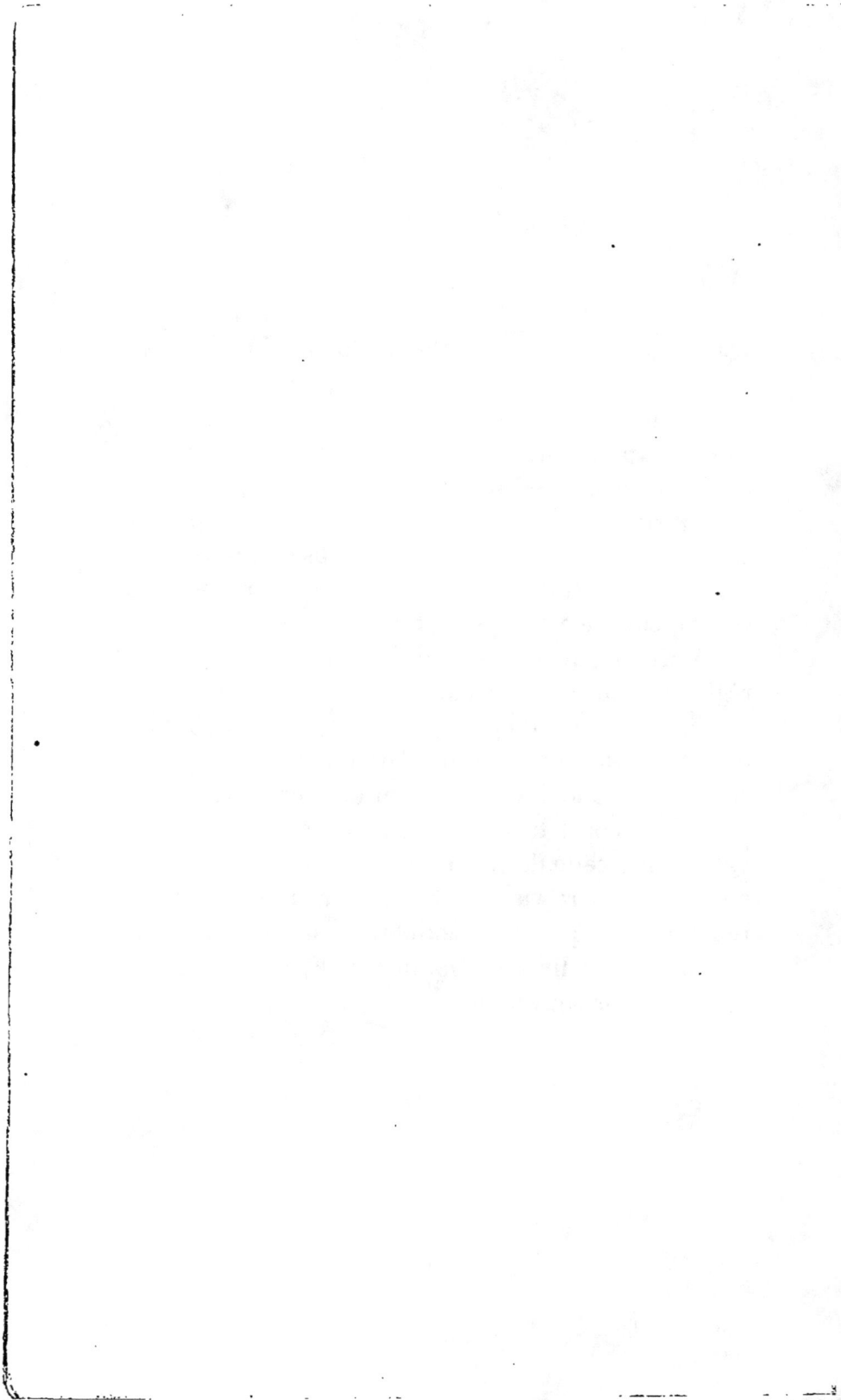

TRAITÉ

DES

PARTICIPES

EN TROIS LEÇONS.

PREMIÈRE LEÇON.

—

PARTICIPE PRÉSENT.

Le participe présent est invariable.

Il est facile de confondre le participe présent du verbe, toujours invariable, avec le même mot, adjectif formé du verbe, qui prend le genre et le nombre du substantif auquel il donne une qualité. Pour les distinguer, il suffit de réfléchir un instant. Le participe présent exprime toujours l'action ou l'état actif du verbe par rapport à l'idée énoncée ; l'adjectif verbal n'exprime jamais qu'une situation passive, attachée à la personne ou à la chose dont on parle.

EXEMPLES :

Des jeunes filles DAN-SANT. . . . . *Dansant* est invariable, parce que c'est le participe présent qui marque l'action de danser.

1**

Des quadrilles DAN-SANTS.	*Dansants* est un adjectif verbal, qui marque simplement la qualité du substantif.
La figure IMPOSANTE du Souverain.	*Imposante* est un adjectif verbal qui marque l'état du substantif.
La Couronne IMPOSANT ses volontés. . . .	*Imposant* est le participe présent qui marque l'action d'imposer.
Sa pensée, FLOTTANT incessamment, ne sait à quoi se résoudre.	*Flottant* est le participe présent qui marque l'action de flotter.
Les esprits FLOTTANTS sont toujours dangereux.	*Flottants* est l'adjectif verbal qui n'exprime que l'état du sujet.

DEUXIÈME LEÇON.

—

PARTICIPES PASSÉS.

—

PARTICIPE PASSÉ SANS AUXILIAIRE.

Le participe passé, sans auxiliaire, n'est, au fond, qu'un véritable adjectif qui s'accorde, en genre et en nombre, avec le substantif qu'il modifie.

EXEMPLES :

Une mère CHÉRIE. . . ⎫

Des enfants AIMÉS. . . ⎬ Ceci ne demande aucune démonstration.

Des récoltes DÉTRUITES. ⎭

Il est des participes passés, sans auxiliaire, qui demeurent invariables quand ils précèdent le substantif qu'ils modifient, et cela, parce que, dans ce cas, ils sont employés adverbialement. Ce ne sont plus alors des participes, ce sont de véritables adverbes. Tels sont : *excepté, posé, passé, vu, attendu, certifié, ci-annexé, ci-joint, ci-inclus, y compris.* Ces participes ne dérogent donc pas à la règle, puisqu'ils ont cessé d'être des participes [1].

[1] Quelques auteurs établissent une exception dans l'exception pour les participes *ci-joint, ci-annexé, ci-inclus.* Ils prétendent que si l'on doit dire en effet : je vous envoie *ci-joint,* ou *ci-annexé,* ou *ci-inclus,* copie de ma lettre, il faut dire aussi : je vous envoie *ci-jointe,* ou *ci-annexée,* ou

PARTICIPE PASSÉ

ACCOMPAGNÉ DE L'AUXILIAIRE *Être*.

Le participe passé, accompagné de l'auxiliaire *être*, s'accorde, en genre et en nombre, avec le sujet du verbe. C'est exactement la même règle que pour le participe passé sans auxiliaire, car le sujet du verbe est toujours le substantif que le participe modifie. On sait que le sujet du verbe est la personne ou la chose qui fait l'action ou qui est dans l'état exprimé par le verbe. Le sujet répond à la question *qui est-ce qui?* pour les personnes, et *qu'est-ce qui?* pour les choses.

EXEMPLES :

L'innocence est RES-PECTÉE. . . . . . .
> *Qu'est-ce qui* est *respecté?* *L'innocence.* Accord du participe avec le sujet *innocence.*

Mes devoirs sont FINIS.
> *Qu'est-ce qui* est *fini?* Mes *devoirs.* Accord du participe avec le sujet *devoirs.*

ci-incluse, LA OU UNE copie de ma lettre, parce qu'alors l'idée est plus précise, plus déterminée. C'est là une subtilité qui n'a aucun prétexte de se produire, et qui pourrait également être invoquée pour tous les autres participes employés dans un sens adverbial.

Si cette exception était admise, il faudrait nécessairement dire aussi : *Il y avait là deux mille hommes de troupes,* Y COMPRISES LES *trois compagnies de zouaves.* Il faudrait dire également : VUE, VÉRIFIÉE, APPROUVÉE ET CERTIFIÉE LA *déclaration ci-dessus.* Et certes les inventeurs de l'exception reculeraient devant ces conséquences de leur principe.

Ma tante est VENUE. . . { *Qui est-ce qui* est *venue?* Ma *tante.* Accord du participe avec le sujet *tante.*

Ses cheveux sont TOMBÉS. . . . . { *Qu'est-ce qui* est *tombé?* Ses *cheveux.* Accord du participe avec le sujet *cheveux.*

La bibliothèque où étaient RENFERMÉS nos livres. . . . . { *Qu'est-ce qui* était *renfermé?* Nos *livres.* Accord du participe avec le sujet *livres.*

Il serait ARRIVÉ de grands malheurs. . { *Qu'est-ce qui* serait *arrivé?* Des *malheurs.* Mais le verbe étant employé unipersonnellement, le sujet réel disparaît devant le sujet apparent *il,* et le participe *arrivé* doit être au masculin singulier, parce que le sujet indéfini *il* est masculin singulier.

TROISIÈME LEÇON.

—

PARTICIPE PASSÉ

ACCOMPAGNÉ DE L'AUXILIAIRE *Avoir*.

—

RÈGLE UNIQUE.

Le participe passé, accompagné de l'auxiliaire *avoir*, s'accorde toujours avec le complément direct du verbe, mais seulement lorsqu'il en est précédé, c'est-à-dire lorsque ce complément direct est connu avant l'énonciation du participe.

Il ne s'agit donc, pour écrire correctement ces participes, que de distinguer si le temps composé a un complément, et, dans ce cas, de rechercher quelle place occupe ce complément.

Personne n'ignore que le complément direct est la personne ou la chose qui reçoit directement l'action marquée par le verbe. Il répond à la question *qui?* ou *quoi?*, placée immédiatement après le verbe.

EXEMPLES :

Ma mère a CHANTÉ. . . { *A chanté quoi?* Pas de complément. Donc, *chanté* est INVARIABLE.

Nous avons LANGUI. . { Je ne peux pas dire : *nous avons langui quoi?* Puisque *languir* est un verbe neutre qui ne saurait avoir de complément direct. Donc, *langui* est INVARIABLE.

J'ai PRÊTÉ ma bourse.	*J'ai prêté quoi ?* MA BOURSE. Participe *suivi* du complément direct. Donc, *prêté* est INVARIABLE.
Il vous a SAUVÉ la vie.	*Il vous a sauvé quoi ?* LA VIE. Participe *suivi* du complément direct. Donc, *sauvé* est INVARIABLE.
Je le ai SAUVÉS du naufrage.	*J'ai sauvé qui ?* EUX , représentés par *les*. Participe *précédé* du complément direct. ACCORD.
La plume que j'ai TAILLÉE.	*J'ai taillé quoi ?* ELLE, *la plume*, représentée par *que*. Participe *précédé* du complément direct. ACCORD.
Quels travaux vous avez ACCOMPLIS ! . .	*Vous avez accompli quoi ? De nombreux* TRAVAUX. Participe *précédé* du complément direct. ACCORD.
Que d'obstacles ils ont RENCONTRÉS !	*Vous avez rencontré quoi ? De nombreux* OBSTACLES. Participe *précédé* du complément direct. ACCORD.
Combien de pages avez-vous COPIÉES ?	*Vous avez copié quoi ? Des* PAGES. Participe *précédé* du complément direct. ACCORD.
Combien de marques d'affection ne vous ai-je pas DONNÉES ? .	*Ne vous ai-je pas donné quoi ?* De nombreuses MARQUES d'affection. Participe *précédé* du complément direct. ACCORD.

Les misères qu'ont EN-
DURÉES nos soldats.

> *Nos soldats ont enduré
> quoi?* ELLES, *les misères,* re-
> présentées par *que.* Parti-
> cipe *précédé* du complément
> direct. ACCORD.

La forteresse qu'on
avait CRUE impre-
nable. . . . .

> *On avait cru imprenable
> quoi?* ELLE, *la forteresse,*
> représentée par *que.* Parti-
> cipe *précédé* du complément
> direct. ACCORD.

Les princes oublient
trop que Dieu seul
les a FAITS grands. .

> *Dieu a fait grands qui?*
> EUX, *les princes,* représen-
> tés par *que.* Participe *pré-
> cédé* du complément direct.
> ACCORD.

La cantatrice que j'ai
ENTENDUE chanter. .

> *J'ai entendu qui?* ELLE,
> *la cantatrice chanter,* repré-
> sentée par *que.* Participe
> *précédé* du complément di-
> rect. ACCORD.

La romance que j'ai
ENTENDU chanter. .

> *J'ai entendu quoi?* CHAN-
> TER *la romance.* Participe
> *suivi* du complément direct.
> INVARIABLE.

La jeune artiste, que
j'ai VUE peindre au
Louvre, copiait un
tableau de Raphaël.

> *J'ai vu qui?* ELLE, *la jeune
> artiste qui peignait,* repré-
> sentée par *que.* Participe
> *précédé* du complément di-
> rect. ACCORD.

La femme que j'ai VU
peindre posait en
profil. . . . .

> *J'ai vu quoi?* PEINDRE
> *elle.* Participe *suivi* du com-
> plément direct. INVARIABLE.

Il les a ENTENDUS calomnier son père. .	*Il a entendu qui ?* EUX *calomnier son père.* Participe *précédé* du complément direct. ACCORD.
Il nous a ENTENDU calomnier, et il ne nous a pas défendus.	*Il a entendu quoi ?* CALOMNIER *nous.* Participe *suivi* du complément direct. INVARIABLE.
L'occasion était belle, et vous l'avez LAISSÉE échapper. . . .	*Vous avez laissé quoi ?* ELLE, *l'occasion échapper* Participe *précédé* du complément direct. ACCORD.
Les palais qu'il a FAIT édifier attestent sa magnificence. . . .	On ne saurait dire : *il a fait quoi ? Des palais.* On ne saurait dire non plus : *il a édifié quoi ? Des palais.* Car, il ne les a ni faits ni édifiés, mais il les a *fait édifier.* Le participe *fait,* suivi d'un infinitif, ne présente donc un sens complet qu'avec cet infinitif, et ne peut avoir, à lui seul, un complément direct. Conséquemment, il est toujours INVARIABLE.
Le ministre nous a accordé toutes les faveurs qu'il a PU. .	*Il a pu quoi ?* Je ne peux pas répondre : *toutes les faveurs.* Il n'a pas *pu des faveurs,* mais il a *pu nous* ACCORDER *des faveurs.* Le pronom *que* est donc le complément direct de l'infinitif *accorder,* qui est évidemment sous-entendu. INVARIABLE.

Il a remporté toutes les victoires qu'il a VOULU.	*Il a voulu quoi ?* REMPORTER *des victoires.* Le *que*, qui représente *victoires*, n'est donc pas le complément direct du participe *voulu*, mais de l'infinitif *remporter* qui est sous-entendu. INVARIABLE.
J'ai employé, pour le sauver, tous les moyens que j'ai DU. . .	*J'ai dû quoi ?* EMPLOYER *tous les moyens.* Le pronom *que* est encore ici le complément direct de l'infinitif sous-entendu. INVARIABLE.
Il a réussi dans toutes les choses qu'il a bien VOULUES. . . .	*Il a voulu quoi ?* ELLES, *les choses*, représentées par *que*. Participe *précédé* du complément direct. ACCORD.
Il a fini par s'acquitter de toutes les sommes qu'il m'a DUES.	*Il m'a dû quoi ?* ELLES, *les sommes*, représentées par *que*. Participe *précédé* du complément direct. ACCORD.
Il n'a point tenu la conduite qu'il avait PROMIS qu'il tiendrait.	*Il avait promis quoi ?* QU'IL TIENDRAIT *une certaine conduite.* Le pronom *que*, qui représente *conduite* est donc le complément direct du verbe *qu'il tiendrait*, et non pas du verbe *avait promis*. Donc, le participe *promis* reste INVARIABLE.
Les conseils que vous aviez DEMANDÉ qu'on vous donnât. . . .	*Vous aviez demandé quoi ?* QUE L'ON VOUS DONNÂT *des conseils.* Le pronom *que* est donc le complément direct du verbe *qu'on vous donnât*, et non pas du verbe *aviez demandé*. Conséquemment, participe INVARIABLE.

J'ai cueilli les fraises de mon jardin et j'en ai MANGÉ avec plaisir. . . . . . .

J'ai mangé quoi ? Je ne puis pas répondre : *les fraises.* Le pronom *en* veut dire clairement que j'ai mangé seulement *une partie de mes fraises*; c'est donc un complément indirect , et le participe *mangé* doit rester INVARIABLE.

Apportez plus d'attention que vous n'en avez APPORTÉ jusqu'ici. . . . . . .

Apportez quoi ? Manifestement, la réponse ne peut pas être *attention*, car on se plaint qu'il ait été apporté jusqu'ici *peu ou point d'attention*, en tout cas, une *petite portion de l'attention* que l'on recommande pour l'avenir. *En* est donc encore, ici comme toujours, un complément indirect ; et le participe *apporté* doit rester INVARIABLE.

Les honnêtes gens sont faciles à abuser ; combien en a-t-on TROMPÉS? . . .

On a trompé qui? BEAUCOUP D'HONNÊTES GENS, *parmi les honnêtes gens.* Le complément indirect *en* ne peut pas empêcher l'accord du participe, par la raison que le participe est *précédé* d'un complément direct représenté par *combien*, qui sous-entend évidemment le substantif *honnêtes gens.* Conséquemment , ACCORD du participe *trompés.*

	Il a perdu quoi ? Les ÉCUS
Autant d'écus il a joués, autant il en a PERDUS.	*qu'il a joués.* Le complément indirect *en* n'a aucune influence sur le participe, qui est précédé du complément direct *autant* qui sous-entend le substantif *écus,* puisqu'*il a perdu tous les écus qu'il a joués.* Donc. ACCORD du participe *perdus* [1].

[1] Comment MM. Noël et Chapsal expliqueront-ils que l'on doive dire : *Combien d'obstacles ai-je* RENCONTRÉS! *Autant de fleurs j'ai* CUEILLIES, et qu'il faille dire ensuite : *La route était semée d'obstacles, combien en ai-je* RENCONTRÉ! *Autant de fleurs il a cueillies, autant il en a* DONNÉ. Il est clair, que, dans ces deux exemples, c'est absolument comme si l'on disait : *Combien d'obstacles, parmi ces obstacles, ai-je* REN- CONTRÉS! *Autant de fleurs, parmi ces fleurs, il a* DONNÉES. Et, si la phrase était ainsi construite, MM. Noël et Chapsal, d'après leur propre règle, feraient certainement accorder le participe. Ces grammairiens prétendent que le pronom *en* joint aux adverbes *combien, autant, plus,* etc., forme bien avec ces adverbes un complément direct du verbe, mais que ce complément direct, mis pour *combien de cela, autant de cela, plus de cela,* étant du masculin singulier, ne saurait faire varier le participe. Je demanderai à ces Messieurs, si, conséquents avec cette dernière argumentation, ils oseraient condamner Racine pour avoir écrit ce vers : *Combien en as-tu* VUS, *je dis des plus huppés?* Puis-je dire : *Combien* DE CELA *as-tu* VU, *je dis des plus huppés?* Non! Je sais qu'il s'agit de gentilshommes; je connais donc, avant le parti- cipe, le complément direct que renferme en lui l'adverbe *combien,* et, sans hésiter, lorsque le participe naît sous ma plume, je le fais accorder avec *gentilshommes,* qui est du mas- culin pluriel.

La grammaire de Noël et Chapsal admettra bien que l'on écrive : *Autant de batailles il a livrées, autant de batailles il a* GAGNÉES. Pourquoi donc faudrait-il que j'écrivisse, lors-

La récolte est plus abondante qu'on ne l'avait CRU. . . . . *On avait cru quoi ?* Ce n'est pas la récolte qui avait été *crue.* On avait cru *cela* que la récolte était moins abondante. Le pronom relatif *l'*, qui *précède* le verbe, ne représente pas *récolte*, mais la phrase *qu'elle serait abondante*, et par conséquent le verbe ayant pour complément direct le pronom CELA, le participe reste au masculin et au singulier.

que je dis, sans rien changer ni au sens ni à l'ordonnance de la phrase : *Autant de batailles il a livrées, autant il en a* GAGNÉ ? Si cette étrange révolution est due au pronom relatif *en*, il faut avouer que voilà un pronom bien puissant, et cette puissance est d'autant plus singulière qu'il n'a aucune relation avec le participe : le relatif *en* est, de sa nature, complément indirect, et ne saurait jamais constituer un complément direct en s'unissant à un adverbe de quantité. Ici, il est incontestablement le complément indirect du substantif sous-entendu *batailles*. Pour écrire au singulier masculin le participe *gagné*, il faudrait donc fermer les yeux et les oreilles, il faudrait absolument ne pas vouloir connaître la chose qui *a été gagnée*, ou se laisser convaincre par MM. Noël et Chapsal qu'il y aurait indiscrétion à s'en informer. En revenant au vers de Racine cité plus haut, on est frappé d'une pensée : parmi les enfants qui étudient les participes français, il en est un certain nombre destinés à apprendre le latin. Or, cette magnifique langue latine, qui exprime simplement et largement la réalité des choses et ne se laisse entamer par aucun raffinement de grammairien, traduirait, nécessairement, cette phrase : *Combien en as-tu vus*, par ces mots : *Quàm multos vidisti ?* Eh bien ! on se demande comment MM. Noël et Chapsal pourraient concilier ce pluriel manifeste avec leur participe singulier : *Combien en as-tu vu ?* Quelle réponse feraient-ils à l'élève qui demanderait la raison de cette bizarre métamorphose ? Évidemment, aucune, parce qu'il n'en est aucune de possible.

Cette maison est toujours aussi agréable que vous l'avez CONNUE.	*Vous avez connu quoi?* ELLE la maison, représentée par *que* qui *précède* le participe. Donc, ACCORD du participe *connue*.
Les précautions qu'il nous a FALLU ont été nombreuses.	*Il nous a fallu quoi?* L'oreille pourrait engager à répondre : *des précautions,* mais la plus simple réflexion suffit pour convaincre que la raison et l'oreille ne seraient pas d'accord. On ne peut pas *falloir des précautions.* Le *que,* qui paraît être ici un complément direct, est donc un de ces tours vicieux que l'usage a consacrés et que l'on a honorés du nom de *gallicisme.* Le sujet *il* aussi bien que le pronom *que* sont des mots vagues, sans signification précise, et qui ne remplacent ni personnes ni choses. Donc, le verbe n'ayant pas de complément direct, le participe reste INVARIABLE.
Les grands froids qu'il a FAIT en 1830 ont gelé tous les fleuves. Les guerres qu'il y a EU depuis le commencement du monde, ont causé bien des ruines. .	Même démonstration que dans l'exemple précédent. Les verbes *il a fait, il y a eu,* n'ayant pas de compléments directs, les participes *fait* et *eu* demeurent INVARIABLES.

Le peu d'instruction qu'il a RECU lui fermera toutes les carrières.	*Il a reçu quoi ?* PEU *d'instruction.* On ne veut pas dire ici qu'il a reçu *de l'instruction*, puisqu'on tire cette conséquence que toutes les carrières lui seront fermées. Le relatif *que* a donc pour antécédent l'adverbe *peu* employé comme substantif, et ce substantif étant du masculin et du singulier, le participe *reçu* doit rester au masculin singulier.
Le peu d'instruction qu'il a RECUE lui suffira pour son avenir.	*Il a reçu quoi ?* QUELQUE *instruction.* Ici le *que* représente bien *l'instruction* puisqu'on tire cette conséquence différente que cette *instruction* suffira à son avenir. Donc, ACCORD du participe avec le complément *que*, dont il est *précédé*, et qui est, comme son antécédent *instruction*, du féminin et du singulier.
La somme que m'a COUTÉ cette terre. . Les prix qu'eussent VALU ces maisons.	*Cette terre a coûté quoi ? Ces maisons eussent valu quoi ?* Je ne peux ni *coûter* une somme ni *valoir* un prix, comme je peux les *recevoir* ou les *prendre*. Une terre n'a pas été *coûtée*, une maison n'a pas été *value. Coûter* et *valoir* sont des verbes neutres qui ne

sauraient avoir de complément direct. Le *que* qui précède ces deux verbes n'a donc que l'apparence d'un complément direct. C'est encore une négligence de langage qui s'est glissée dans le discours, et contre laquelle le bon sens proteste quand il s'agit de l'accord du participe

Donc, les deux verbes de ces deux exemples n'ont pas de compléments directs : conséquemment, les participes *coûté* et *valu* sont INVARIABLES.

La somme que m'a COÛTÉ cette terre. .
Les prix qu'eussent VALU ces maisons. .

Dans ces deux phrases les verbes *valoir* et *coûter* sont pris activement. En effet, je peux très-bien dire : *mon travail m'a valu, m'a rapporté, quoi?* UNE RÉCOMPENSE. *Cet enfant a coûté, a causé à sa mère, quoi?* DES PEINES. Le relatif *que* est donc bien le complément direct du verbe, et il y a ACCORD des participes.

La récompense que mon travail m'a VALUE.
Les peines qu'a COUTÉES cet enfant à sa mère.

Les années n'ont pas été vécues. Les heures n'ont pas été dormies, et le choléra n'a pas été duré. Les verbes *vivre, dormir, durer* sont des verbes neutres, et le relatif *que* n'est pas leur

Les années qu'il a VÉCU. . . . . . .
Les quelques heures que j'ai DORMI. . .
Pendant les jours que le choléra a DURÉ. .

Les années qu'il a
VÉCU. . . . .
Les quelques heures
que j'ai DORMI. . . .
Pendant les jours que
le choléra a DURÉ. . .

complément direct. Il est
évidemment le complément
de la préposition *pendant*,
qui est sous-entendue. C'est
comme si l'on disait : *Les
années pendant lesquelles il
a vécu, les heures pendant
lesquelles il a dormi, les jours
pendant lesquels le choléra a
duré*. Donc, le complément
que étant indirect, les participes sont INVARIABLES.

Ces enfants ne sont
plus les enfants
qu'ils ont ÉTÉ jadis.

Le participe passé du
verbe *être* est toujours IN-
VARIABLE, par la raison bien
simple qu'étant toujours
accompagné de l'auxiliaire
avoir, il ne saurait s'accorder qu'avec le complément
direct. Or le verbe *être*,
étant un verbe qui n'ex-
prime que l'affirmation et
pas du tout l'action, ne
saurait avoir de complé-
ment direct. Le *que* qui
figure dans cet exemple n'a
donc que l'apparence du
complément direct. C'est
comme si l'on disait : *Ces
enfants ne sont plus les enfants qui ont été jadis.*

Ma mère s'est FRAPPÉE.

Dans les verbes prono-
minaux, l'auxiliaire *être* est
employé pour l'auxiliaire
avoir. Comme cet usage n'a
été introduit que par eu-

Ma mère s'est FRAPPÉE.	phonie, il faut, pour se rendre compte de la véritable signification de ces verbes. les décomposer en restituant sa place à l'auxiliaire *avoir*. Je dis donc : *Ma mère a frappé qui?* ELLE. Participe *précédé* du complément direct. ACCORD.
Ma mère s'est FRAPPÉ le front.	*Ma mère a frappé quoi?* *Le* FRONT. Participe *suivi* du complément direct. INVARIABLE.
Ces deux peuples se sont BATTUS longtemps.	*Ces peuples ont battu qui?* EUX. Participe *précédé* du complément direct. ACCORD.
Et ils se sont FAIT des plaies profondes. .	*Ils ont fait quoi?* DES PLAIES. Participe *suivi* du complément direct. INVARIABLE.
Nos malheurs se sont SUCCÉDÉ.	*Nos malheurs ont succédé à quoi?* A EUX. *Pas* de complément direct. INVARIABLE.
Cette mère s'est VUE renaître dans ses enfants.	*Elle a vu quoi?* ELLE. *renaître.* Participe *précédé* du complément direct. ACCORD.
Nous nous sommes LAISSÉ abuser par ses caresses.	*Nous avons laissé quoi?* ABUSER *nous.* Participe *suivi* du complément direct. INVARIABLE.
Ces jeunes gens se sont PLU.	*Ils ont plu à qui?* A EUX. Participe *sans* complément direct. INVARIABLE.

Les historiens se sont PLU à raconter. . . . } *Ils ont plu à qui ?* A EUX, *en racontant.* Participe *sans* complément direct. INVA-RIABLE.

La plupart des grammairiens ont dit que, dans ces exemples, le participe s'accorde avec le sujet du verbe, par la raison que l'on ne peut pas dire : *une haine a réveillé elle, une erreur a glissé elle, les cordes d'un piano ont lâché elles, la révolution a trouvé elle,* et qu'alors le verbe *être,* dans ces verbes pronominaux, n'est pas employé pour le verbe *avoir.* Je demande si l'on peut dire, sans altérer le sens de l'idée, *qu'une haine a été réveillée, qu'une erreur a été glissée, que des cordes de piano ont été lâchées, et qu'une révolution a été trouvée victorieuse.* Cette inversion de la phrase tendrait à faire supposer que quelqu'un est intervenu *pour réveiller la haine, pour glisser l'erreur pour lâcher les cordes du piano,* et *pour trouver la révolution victorieuse,* ce qui dénaturerait complétement la pensée. Pourquoi donc aller chercher une explication illogique, lorsque rien n'oblige à sor-

Sa haine s'est RÉVEIL-LÉE. . . . .

Une erreur s'est GLIS-SÉE. . . . .

Les cordes de ce piano se sont LACHÉES. . . .

La révolution s'est TROUVÉE victorieuse.

La révolution s'est TROUVÉE victorieuse.

tir de la règle ordinaire ; et, tout en reconnaissant que, dans ces propositions, les sujets évidemment passifs n'exercent pas en effet une action réfléchie sur les pronoms compléments du verbe, pourquoi ne pas admettre que ces verbes, consacrés par la langue, sont des verbes pronominaux comme tous les autres, où le participe passé doit s'accorder avec le complément direct qui le précède? Conséquemment, ACCORD des participes, en raison des compléments directs dont ils sont *précédés*.

Les accusés se sont TUS. . . . .

Pour les quatre verbes que nous citons, certains auteurs ont dit, sans autre explication, que leurs participes devaient s'accorder avec le complément direct, parce que les uns étaient des verbes essentiellement pronominaux, et que les autres, verbes neutres pronominaux, étaient considérés comme essentiellement pronominaux. Mais ceci ne veut rien dire, et c'est encore une exception ajoutée à tant d'autres exceptions, faites pour noyer l'intelligence de la jeu-

Ils s'étaient PRÉVALUS de leur naissance. .

Les nations se sont souvent REPENTIES de leur imprévoyance. . . . .

Les rhéteurs se sont EMPARÉS de l'opinion publique. . .

nesse. D'autres ont prétendu que ces participes s'accordent avec le sujet. Osera-t-on dire, que les *accusés* ONT ÉTÉ TUS, *qu'ils avaient* ÉTÉ PRÉVALUS *de leur naissance, que les nations* ONT ÉTÉ REPENTIES, *et que les rhéteurs* ONT ÉTÉ EMPARÉS. Est-ce que le bon sens et l'oreille ne sont pas beaucoup moins choqués d'entendre dire que, *ils ont tu eux, ils ont prévalu eux, ils ont emparé eux, elles ont repenti elles?* Ne vaut-il pas mieux s'en tenir à cette tournure naturelle, plutôt que d'établir des catégories de fantaisie, ou de se lancer dans des argumentations qui tombent dans la préciosité grammaticale? Selon la logique, ces participes subissent donc L'ACCORD, parce qu'ils sont *précédés* de leurs compléments directs. Il est bien évident que, pour des verbes qui ne sont jamais pris activement, il est moins facile de comprendre l'action du sujet sur lui-même que pour des verbes actifs transformés accidentellement en verbes pronominaux. Certes, si je peux *flatter mon voisin*, rien ne m'empêche de me *flatter moi-même*, et il m'est plus malaisé de saisir, que, ne pouvant pas *repentir Pierre* je puisse *repentir moi*. Mais il n'est pas moins évident que la langue française ayant donné droit de cité à ces sortes de verbes, il faut bien qu'elle ait donné en même temps à leurs sujets le droit d'avoir une action sur eux-mêmes, car, sans cela, ces verbes seraient privés d'un sens quelconque. Ceci est donc la seule explication raisonnable, et, la preuve, c'est que nous défions qu'on en présente une autre.

Les rhéteurs se sont EMPARÉS de l'opinion publique. . .

Il s'est produit quoi? On est tenté de répondre : *une circonstance favorable*. Cependant il est facile de reconnaître que ce n'est pas *la circonstance* qui est le complément direct, puisque c'est *la circonstance qui s'est produite*, et qu'en réalité *la circonstance* est le *véritable sujet*. C'est absolument comme si l'on disait : *une circonstance favorable s'est produite*. Mais la phrase est construite autrement. Ici, c'est un verbe unipersonnel qui exprime l'action. Quand je dis : *il*

Il s'est PRODUIT une circonstance favorable. . . . .

Il s'est PRODUIT une circonstance favorable. . . . .

est tombé, je ne m'inquiète pas de la question de savoir la chose qui est tombée, et je dis tout aussi bien : *il est tombé de la neige*, que, *il est tombé des avalanches*. Si je devais me préoccuper du sujet réel, je dirais : *elle est tombée de la neige*, *elles sont tombées des avalanches*, ce qui serait parfaitement ridicule. Le verbe unipersonnel a donc, à lui seul, une affirmation qui lui est propre. Les grammairiens déclarent que le verbe pronominal employé unipersonnellement est toujours invariable; mais ce serait encore là une règle exceptionnelle à introduire dans la cervelle des enfants, et l'écolier aurait le droit de demander le pourquoi de cette nouvelle exception; car, c'est dire tout uniment: cela est parce que cela est, c'est constater l'effet par l'effet. Or, il faut une cause; cette cause où est-elle?

La cause ressort tout simplement de la règle ordinaire du participe passé accompagné de l'auxiliaire *avoir*. *Il s'est produit* est une phrase indépendante du sujet véritable qui va suivre. Le pronom *se* ne repré-

Il s'est PRODUIT une circonstance favorable. . . . .

{ sente et ne peut représenter que le sujet indéfini *il*, et ce complément direct étant du masculin singulier, le participe *n'est point invariable*, mais reste au masculin singulier. S'il y a quelque chose de bizarre et d'anormal, ce n'est pas dans le participe, mais bien dans le *gallicisme* qui complète l'idée. Or, ce *gallicisme* étant admis, le participe n'en saurait recevoir une influence quelconque.

POITIERS. — TYPOGRAPHIE DE HENRI OUDIN.

www.ingramcontent.com/pod-product-compliance
Lightning Source LLC
Chambersburg PA
CBHW060754280326
41934CB00010B/2480